밤의 커튼을 열다

실천문학시집선 317
밤의 커튼을 열다

2025년 11월 05일 1판 1쇄 박음
2025년 11월 15일 1판 1쇄 펴냄

지은이	박수봉
펴낸이·편집장	윤한룡
디자인	윤려하
관리·영업	이소연
홍보	고 우

펴낸곳	(주)실천문학
등록	10-1221호(1995.10.26)
주소	남양주시 퇴계원읍 퇴계원로 52 405호
전화	02-322-2161~3
팩스	02-322-2166
홈페이지	www.silcheon.com

이 책은 경기도, 경기문화재단 〈2025 원로예술활동지원〉 사업
지원으로 발간되었습니다.

ⓒ 박수봉, 2025

ISBN 978-89-392-3185-6 03810

이 책 내용의 전부 또는 일부를 재사용하려면
반드시 지은이와 실천문학 양측의 동의를 받아야 합니다.

밤의 커튼을 열다

박수봉

317

실천문학

제1부

약리도	11
철새	13
저녁의 음표들	15
닻	17
매향리	19
봄의 전조 증상	21
4월의 노래	22
청년의 수첩	24
광화문에서	26
봄을 이식하다	28
골목	30
해바라기	32
걱정을 방목하다	33
평화의 종	35

제2부

독거의 영토	39
세한도	41
등의 언어	43
노인과 자전거	45
재활용	47
장미 여인숙	49
거리의 철새들	51
애기똥풀	53
억새들	54
필드 골프	56
입동	58
노모의 수업 시간	60
꽃들의 풍경	62
두 평 사람들	63

제3부

댕댕이 소쿠리	67
입춘을 지나며	69
짜장이 식었다	71
매형	73
웃음의 뒤편	75
마르지 않는 어깨	77
먼 곳	78
터미널	80
나무와 나	82
흑백 사진	84
그림자	86
장터에서	87
나르키소스	89
까치 소리	90

제4부

뿌리의 발견	95
봄을 심는 사람들	97
아무래도 설악을 다녀와야겠다	99
향나무	101
고목	103
능소화	104
버팀목	106
혜석을 읽다	108
버스킹	110
물의 경계	112
회한	114
목공	116
배달의 민족	117
매미의 꿈	119
해설 권성훈	123
시인의 말	140

제1부

약리도 躍鯉圖

나는 도시의 하천에서 태어났다
버려진 것들이 부유하는 도시의 슬럼가
갑옷처럼 촘촘한 비늘을 입고
슬러지 낀 골목을 온종일 쏘다녔다
골목엔 온갖 부패가 시야를 가려 나는
비늘을 세우며 거칠어지기도 했다
나의 거처는 하류였다
이곳에는 떠밀려온 것들의 허기가 뻐끔거려
언제나 거품이 부글거렸다
하천에 배를 대고 바닥을 훑다보면 도시의
비린내가 하천 가득 빗소리처럼 일어섰다
바닥을 잘 모르던 시절엔
상류로 오르는 등용의 꿈을 꾸기도 하였다
개천에서 용 난다는 속설을 믿고 겁 없이 솟구치다
꼬리뼈 와싹, 부서지는 소리에
나는 그만 가슴에서 불씨를 들어냈다
끊임없이 꼬리를 흔들어야 떠밀리지 않는 세상
수초 그늘에 고된 하루를 부려 놓고

뜯겨나간 비늘을 깁다 보면 달빛이
일렁일렁 아픈 발을 만져주기도 했다
갈수기, 뻑뻑해지는 물의 속살이 숨통을 조여 오고
종족들의 허기진 바다 핥는 소리가
뿌옇게 일어설 때
물 밖으로 불쑥 솟구쳤던 약리도
그것은
떠밀린 자들의
목숨을 건 춤사위
몸서리 쳐지도록 서글픈 몸의 문법이었다

철새

얼지 않는 강이 있다고 들었어요
한파가 몰아치는 드네프르강에서 밤새
얼음을 두드리다 상한 부리 죽지에 묻고
이주移住를 결심했어요
대열을 지어 날아오른 밤, 자작나무숲을 지나
인가의 불빛을 오독해서 불시착한 도시의 하천
이곳엔 살기 위해 모여든 새들이
이미 겨울 풍경으로 자리 잡고 있었어요
낯선 세계에 스며들기 위해
슬러지 낀 물속에 모가지를 들이밀고
숨을 참고 있을 때 돌이 날아왔어요
조류 독감, 주홍글씨를 머리에 덧씌우고
사람들이 훌훌 돌을 던질 때
갈대숲에 숨어서 바라보는 북반구의 하늘은
여전히 온통 잿빛이었어요
날개깃에 부리를 묻은 난민의 슬픔이
말없음표로 점점이 흐르는 밤
물거품처럼 떠돌아야 살 수 있는 종種끼리

서로서로 깃털을 다듬어 주었어요
물가에 쪼그리고 앉아
제 속의 벼랑을 연기로 밀어내는 저 사내도
떠돌인가 봐요 검게 탄 음성이
떠나온 곳으로 출렁거리는 저녁나절
강으로 몰려드는 눈발을 바라보며
덜컥이는 감정을 혀 밑에 묻고
드네프르 빼곡하게 수놓던 별빛을 생각해요
체류기간이 다 되어 가는지
버드나무 가지에서 연둣빛 냄새가 나요
아무래도, 불법 체류자로 쫓기기 전에
날개 밑에 새겨 둔
그 백야의 협곡을 펼쳐야 할까 봐요

저녁의 음표들

비 오는 저녁 늘어진 전깃줄에
까마귀 떼가 날아와 앉는다

높고 낮은 음으로 오선지를 채우는
검은 음표들
어둠으로 이어진 세상을 응시하고 있다

저 무섭게 고요한 시선들은
세상 속으로 흘러드는 전선에 어떤
곡조를 심고 싶은 것일까

지붕 없는 삶들의 젖는 면적이 갈수록
늘어나는 것을 보면서
빗물에 미끄러진 영혼들의 별자리를 밝힐
진혼곡을 만드는지도 모른다

슬픔이 그치지 않아 길어진 전선에
착상된 음표들이

꼬리를 치켜들고 비의 무게를 견디고 있다

검은 예복을 갖춰 입고
세상의 가장 뜨거운 곳에 앉아
슬픔의 세목細目들을 편곡하는 새들

꽃들이 몰려간 비명의 골짜기에서
한 모금씩 물고 온 저마다의 서정을
저녁의 눈시울에 새기고 있다

닻

갯벌에 닻을 내린 작은 어선 옆에
깡마른 체구의 노인이 앉아 있다
그는 미동도 없이
바다를 건너오는 노을을 보고 있다
시뻘건 불덩이를 삼켜버린 바다가
어둠을 덮고 잠드는 사이
등대처럼 노인은 담배를 빼어 문다
그의 한숨이 허공에 풀어지듯
바닷속으로 풀려나간 등대의 수심이
주름을 접으며 발등으로 밀려온다
오래 전 소문이 바다에 콸콸 방류되면서
노인은 닻을 거두어 들였다고 했다
평생 바다를 의복처럼 걸치고 산 노인은
간간이 딸려오는 낯선 어송의 표정에서도
바다의 병색을 짚어내곤 하였다고
저렇게 싱싱한 푸른 바다도 한 꺼풀만 벗겨내면
개펄 가득히 앓아누운 소리들이
고름처럼 갯고랑을 타고 흘러나온다며

노인이 닻을 거두는 사이
바다 건너 포구에서도 누군가 닻을 거두며
눈물샘을 채우고 있는지도 모른다
수족관 물을 떠 마시고 입술에 초장을 찍는
은폐 앞에 꾹 다문 침묵에서
진실 썩는 냄새가 코를 찌른다며 노인은
코를 팽팽, 풀어댔다
해변에서 모서리가 닳아버린 몽돌처럼
바다에 순응하며 살아온 사람들
깊게 접힌 삶의 주름살을 들여다볼 틈도 없이
시퍼런 바다에서 발목을 거두고 있다
말라죽은 몽돌의 유골을 만지작거리며
뱃전에 앉아 닻처럼 녹슬어가는
노인의 발등 위로 펄을 빠져나온
어린 게 한 마리가 다급히 오르고 있다

매향리

매향리 물길을 따라 걷는다
살랑이던 한 겹의 옷을 벗어버린 바다는
비린내가 지평선을 이루고 있다
눈앞에 펼쳐진 갯펄의 물컹한 숨구멍에서
경계의 눈빛들이 번들거린다
갯벌이 뱉어내는 설사 같은 것들을
실어 나르는 갯골 너머
작은 섬 하나가 점처럼 박혀있다
한때 머리숱이 짙어서 농섬이라 불렸던
쿠니 사격장
소나기처럼 쏟아지는 포탄 세례에 놀라
나무도 바위도 물새들도 울음을 터뜨리며
등을 돌렸던 불모의 섬
불발탄의 벌건 상처를 끌어안고
무수한 잔주름을 바다에 풀던 섬에
초록 머리카락이 듬성듬성 자라고 있다
번쩍이는 폭력에 난청을 앓던 매향리
머리띠를 두른 붉은 통증들이

죽은 게들의 집게발을 걷어내고
앙금처럼 가라앉은 탄약 냄새를 씻어내자
검은 낯빛의 바다가 살아났다
굴 낙지 바지락 바닷새들의 발목을 신고
꿈틀꿈틀 지느러미 세우며
몰려오는 꿈들이 질척한 개펄에 산란을 한다
물길이 열리면 바다 쪽으로 문을 열어둔
마음들이 바닷새처럼 쏟아져
지나간 시간들을 발굴하는 매향리
행여 어린 목숨들 울고 있지나 않을까
종일 개펄을 살피다
충혈된 눈동자가 빛을 거두며 사라질 때
항구의 하얀 등대 알전구를 꺼내 들고
깜박깜박 밤새 바다의 안색을 살피고 있다

봄의 전조 증상

산수유나무가
봄의 전조증상을 앓고 있다

가지 끝마다
겨우내 참았던 눈물을 달고
사월의 문턱에서
울먹거린다

해마다 오는 봄이
저렇게도 아프다

4월의 노래

꽃들이 지고 있다 지면서도 길을 밝히는
사월의 눈썹에 매달렸던 꽃들이
긴 울음의 행렬을 끌고 바다로 와서 무너진다

태풍과 폭우를 이끌며 저항하던 바다
수없이 저물었을 등대 아래로
무리 지은 솟대들이
깃을 접은 채 바람을 맞고 있다

손만 잡아도 글썽이는 눈물 많은 사월을 쥐고
돌아가는 길을 지워버린 사람들

한 페이지 칠흑 같은 역사의 다음 장을
넘기지도 못하고
젖은 채로 사월의 갈피에 꽂혀 있는 울음들이
바다의 언저리만 맴돌고 있다

아이들 목소리는 들려오지 않는데

웅성웅성 어둠은 또 몰려오고
슬픔이 노랗게 갈기를 세운다

자꾸만 흐려지는 바다
펄럭이며 바닷길을 밝히는 노란 리본들
맺힌 매듭을 풀지 못해
찢어질 듯 난간에 매달려 있다

기다리면 돌아올 거라며 바다를 붙들고 있는
녹이 슨 십자가의 기도가 길다

청년의 수첩

망초가 거품을 밀어내는 여름이었다
그가 꿈을 놓쳐버린 때가
아직 삶의 첫 페이지 넘겨보지도 못했는데
볼살이 통통한 어린 노동자

너를 수첩에 가둔 것은 세상이었다
자칫 미끄러지기 쉬운 계절이어서
열두 개의 숫자마다 포스트잇을 붙여놓았다

공회전이 없는 빽빽한 수첩 속엔
가쁜 숨소리가 하루하루 팽창하고 있었다

꿈으로부터 달아나고도 싶었을 테지만
수첩 속에서 산란하는 꿈이 다칠까 봐
잠을 줄였다는 열아홉
단문의 건조체가 문장마다 반짝인다

첫발부터 덫에 걸려 꿈이, 꿈이 돼버린

너의 손을 어떻게 놓아야 하나
멧새처럼 덫인 줄 알면서도 이삭을 쪼아야 하는
우리가 사는 별이 너무 무섭다

로고 붙은 점퍼의 에이스가 되기 위해
밤도 혀를 깨무는 야간작업
그리다 만 설계도를 쥐고 너는
창문도 없는 공장 바닥에서 화분처럼 깨져 버렸다

너무나 어린 초록
눈물을 퍼부어도 살아날 줄 모르네

광화문에서

시퍼렇게 녹이 슨 갑옷을 걸쳐 입고
장군이란 이름으로 살아온 사내
수백 년 누적된 근심을 밟고
수심에 찬 얼굴이 함성에 젖고 있다
어둠이 불타는 광장,
높다란 망루에서 긴 칼 놓지 못하고
바람을 경계하는 청동의 어깨 위로
겹겹이 외로움이 쌓여있다
이렇게 무성한 쓸쓸함의 배후는
광장 여기저기에 함부로 구겨버린 붉고 푸른 구호들
목청이 터지도록 외쳤던 함성들이
어디에도 가 닿지 못하고 찬 바닥을 뒹굴고 있다
녹슨 이념의 그림자가 갈수록 짙어지는
광화문을 지켜보며 장군은
칼자루 잡은 손에 슬며시 힘을 주었을 텐데
청동의 갑옷이 해지도록
아직도 손에서 놓을 수 없는 칼자루가 슬프다
울돌목 조류처럼 밀려들던 성난 물결이

썰물처럼 빠져나간 광화문

수심 깊은, 당신의 내밀한 마음을 어루만지다

내 손끝에도 당신의 근심이 물들었다

수백 년 녹물이 든 당신의 옷자락을 들춰 보면

화석이 된 근심이

사리처럼 와르르 쏟아질 것만 같다

행여 무심하여 꽃들이 울고 있지는 않을까

빈자리 살피느라 부릅뜬

장군의 동공에 핏발이 실뿌리를 내리고 있다

봄을 이식하다

겨울은 좀처럼 물러서지 않았어요
잠처럼 뿌리가 깊었죠
거리엔 사람들이 촛불을 켜 들고 웅성웅성
봄의 단서를 찾고 있었어요

깃발을 흔들어대는 촛불의 함성에도
겨울은 눈만 끔벅일 뿐

도시 가랑이에서 쏟아지는 물 위를
거품처럼 떠도는 철새들도
봄의 깃털이 자라지 않아
도시의 하천에 갇혀 있어요

기다리지 않아도 온다는 말에 지친 사람들이
겨울의 잿빛 등가죽을 벗겨 내고
봄의 포기들을 이식하고 있어요
겨울 잔등에 빛의 뿌리를 심는 거죠

고작 몇 포기 촛불로 이 넓은 들에 봄을
불러올 수 있겠어요 내뱉듯 던지고 가는
외투 자락에 촛불이 꺼질 듯 자지러져요

어떤 말, 싹도 트지 못하게 누군가 꽝꽝 얼려놓은
대지를 파헤치다 보면
부러진 괭이 날에 찍혀 나오는 봄

봄을 기억하는 사람들이
비둘기처럼 이마를 맞대고
겨울 잔등에 봄의 포기를 이식하고 있어요

골목

소주 맥주를 늘어놓고 취했던 골목이
숙취에서 서서히 깨어나고 있다

밤을 갉던 박쥐들은 붉은 눈으로 뿔뿔이 흩어지고
바닥만 남은 골목
울었던 흔적은 깨끗이 말라 있다

오르고 내리는 골목길엔 벽면 가득히 나부끼는
마음들만 남아서 서로를 앓는 중이다

붉은 바탕을 비집고 나온 뾰족한 말들은
서로의 심장을 마구 찔러대고
시퍼렇게 멍든 말은 슬픔의 바다에서
난파선처럼 표류하고 있다

노랗게 피어나는 마음을 읽다가
봄을 놓친 행간에서
나는 그만 주저앉아 버렸다

이렇게 반짝이는 눈물들이 모여도
끄떡없이 버티는 벽 앞에서

사과를 따려고 내밀었던 손에
돌멩이를 움켜쥐고 나는
천천히 비탈진 골목을 빠져나왔다

해바라기

죽은 병사의 호주머니에서 자라난
해바라기
슬픔이 밀어 올린 노란 비명이
파도처럼 출렁이고 있다

먹구름에 가려진 북반구의 하늘에선
햇빛 대신 굉음이 쏟아지고
번쩍이는 섬광에 눈을 다친 꽃들이
캄캄한 희망에 목숨을 걸고 있다

종일 물어뜯어도 배가 고픈 개들이
몰려다니는, 해가 뜨지 않는 언덕

얼굴에 박힌 무수한 슬픔이 무거워
모가지가 꺾인 꽃들은
이제 더 이상 해바라기를 하지 않는다

걱정을 방목하다

시장 모퉁이 작은 근린공원
시장을 한 바퀴 휘돌아 나온 검정 비닐봉지들이
쥐고 온 걱정을 탈탈 털어놓는다
마구 쏟아지는 걱정들
배추, 무, 쪽파, 생강, 김장이 쏟아지고
골절과 백내장과 썩어가는 이빨들
걱정이 꼬리에 꼬리를 문다
비닐봉지들이 모여 걱정의 면적을 넓히는 동안
조는 듯 앉아 있다 갑자기 끼어드는
치매와 요양원,
간담 서늘한 걱정에 심장이 벌렁거린다
난항 중인 검정 비닐봉지들의
삶의 서사가 낱낱이 펼쳐지는 이곳에는
시간도 사람도 느리게 전개된다
누구도 비켜설 수 없는
오후의 빈자리로 몰려드는 쓸쓸함은
검정 비닐봉지들의 사유 재산이다
겹겹의 주름살에서 부화되는 걱정들은

각각 색과 맛이 달라서
쉽게 그 걱정의 프리즘을 진단할 수 없다
검정 비닐봉지들이 방목하는 걱정들이
공원 구석구석을 소문처럼 몰려다닌다
자꾸만 부푸는 걱정들
검정 비닐봉지들이 잠든 이른 새벽
빗자루를 든 녹색 조끼가
공원 여기저기 뒹구는 걱정들을 쓸어 담는다
몇 개의 마대 자루가 불룩하다

평화의 종鐘

자유가 가볍게 뛰어 내리는 겨울 DMZ
종소리가 묶여 있다
제멋대로 자라난 습지의 나무들은
머리채를 부여잡고 서로 엉켜 있다
눈으로만 조준하는 전망대의 실향민처럼
오랫동안 입술을 떼지 못해 종은
온몸이 시퍼렇게 녹이 슬었다
이 들녘엔 포성 소리가 여태 박혀 있어
슬픔이 곳곳에 우거져 있다
타종금지, 시뻘건 두 줄에 재갈이 물린 종을
손바닥으로 쓸어보면 유폐된 시간이 묻어 나온다
주검처럼 싸늘한 청동의 안쪽에서 소리가
얼마나 맴돌았으면
종 아래 깊은 구덩이가 파였을까
목구멍 깊숙이 금단을 앓는 소리들이
종의 시간을 붙들고 있다
DMZ 안쪽에서 자유로운 것은 말 못 하는 짐승들뿐,
한 무리 쇠기러기가 철조망을 넘는다

종루에는 철조망 너머 남겨둔 이름들을
몇몇이 모여 앉아 소곤거린다
오랜 기다림에 탈색이 된 감정들이
제 몸에 남은 물기를 버리고 가는 DMZ
누구나 이곳에선 안개처럼 내려앉은
침묵의 무게를 견뎌야 한다
침묵 끝에서 스스로를 깨뜨리며 날아오를
종소리에 가슴 두근거려야 한다
종루에서 바라보는 비무장 지대, 새들이
비상하는 소리를 들으며 종은
들녘에 패인 강물 소리를 어금니로 꽉 물고 있다

제2부

독거獨居의 영토

구석진 자리에서 국밥을 먹는다
탁자에 친구 대신 소주병을 앉혀 놓고
뜨거운 국밥에 숟가락을 찔러 넣는다

소문난 국밥집을 찾아가면서
마주 앉을 얼굴들을 메뉴처럼 훑어보았지만
정담 한 숟갈 함께 떠먹을 친구가 없다

하나둘 뽑혀나간 빈자리를 헤아리다
국밥의 온기에 콧물을 훌쩍이며
소주 한 잔을 털어 넣는다
뚝배기에서 오르는 김이 눈썹에 매달린다

근린공원 그늘을 공유하던 사람들도
마스크를 한 채 저만치 거리를 둔다

종일 입을 떼지 못해 입안에서 죽어버린 말들이
입 냄새로 쌓여가지만

독거는 섣불리 어느 메뉴에도 끼어들지 못해서
외로움의 뿌리가 깊다

거리에 하나둘 늘어나는 요양원은
낮은 곳으로 자리를 옮긴 독거들의 집결지
언젠가는 돌아가야 할 고향 같아서
먼발치에서 낡아가는 삶의 뒤꿈치를 흘끔거린다

막다른 골목 쪽방 문을 열면 어둠이
맨발로 뛰어나온다 누가 이렇게
쓸쓸한 바람을 독거의 영토에 풀어놓았나

그냥 이대로 화석이 된다 해도 한동안은
발굴되지 않을 독거
어둠 속 짐승처럼 둥글게 몸을 말아
나는 나에게 자꾸만 말을 건넨다

세한도

늙은 버드나무 풀어헤친 머리채에
가닥가닥 추위가 매달려 있다
뼛속까지 파고드는 영하의 나날들
새 한 마리 날아들지 않는 혹한의 공원
무채색의 침묵 속에 한 노인이 앉아 있다
지팡이를 기대놓고 눌러 쓴 털모자에
공원의 오후가 무겁게 얹혀있다
노인의 시선이 겨냥하는 버드나무의 몸통에
오래전 찢긴 가지의 상흔이 선명하다
깊게 패인 자리로 몰려드는 환지통을
평생 다스리며 살아왔을 버드나무
그 가슴 휑한 바람구멍을 노인은
말없이 바라보고만 있다
나무의 그림자가 길게 자랄 때까지
자리를 뜰 줄 모르는 저 가슴도
어쩌면, 바람의 집일지도 모른다
서로의 가슴 속에서 일고 있는 바람 소리에
귀를 적시는 노인과 나무, 그들은

마음속에 키워온 상처를 견줘보고 있는지
찬바람만 가득한 화폭을 벗어나지 못하고 있다
저들은 서로의 외로움에 덧발라줄
연고 같은 말이 생각나지 않아
눈빛만으로 서로에게 위로를 건네고 있는지도 모른다
연못의 숨구멍을 들락거리던 오리의
붉은 맨발이 지상으로 오르는 시간
나는 이 지독한 풍경을 세한도라 이름 짓고
천천히 한 폭의 그림 속을 빠져 나왔다

등의 언어

익은 매실 껍질을 벗겨 저녁을 잘게 썰었다

저녁 밥상에 아버지를 앉혀놓고
내 등으로 아버지의 등을 받치고 있다

오물오물 아버지를 듣는 시간
귀로는 들을 수 없는 소리들이 등을 진동한다
어느 사전에도 없는 몸의 언어를 나는
또박또박 등으로 받아 적는다

싱겁다고 짜다고 너무 질기다고 투정 부리는
숟가락을 어르다가
왈칵, 쏟아지는 아버지

그를 사랑하는 사람들은 한때
그 등줄기에서 흐르는 물로 목을 축이고 밥을 지었다

물아래 다섯 마지기처럼 널따란 등

청개구리처럼 우리는 겹겹이 업혀 살다가
하나 둘 셋, 전부 뛰어내리고
등이 텅 비었을 때 아버지의 사막이 왔다

물기 마른 등에 끝없이 모래바람이 일어
새겼던 이름들 가물가물
깨알 같던 당신이 날마다 비워지고 있다

마음에 낀 먼지를 깨끗이 닦아내고
아무리 촉각을 곤두세워도 당신은
주파수가 잘 잡히지 않는 통신의 오지

그날의 기분에 따라 획이 달라지는
등의 언어는
아직도 참, 해석하기가 어렵네요

노인과 자전거

한 노인이 공원 벤치에 잠들어 있다
햇솜 같은 봄볕을 이불 삼아
꿈의 세계에 푹 빠져 있다
그 곁에는 작은 가방을 맨 녹슨 자전거가
그의 잠을 지키고 있다
갈기 빠진 망아지 같은 자전거에 몸을 싣고
삐그덕 삐그덕 꽃바람을 따라온 것인가
벗어버린 발바닥에 지나온 길들이
지도의 선처럼 실금으로 얽혀 있다
저렇게 미로 같은 세상을 떠돌면서
길을 잃지 않으려고 꼼꼼히 기록해 둔
발바닥 지도
노인의 발바닥엔 그의 여정이 축약돼 있다
살면서 놓쳐버리고 잃어버린 길들은
어느 지점에서 지워졌을까
출발점도 종점도 분간할 수 없는
발바닥 도선에서 흙바람이 인다
노인의 발꿈치처럼 낡아버린 자전거도

먼 길에 숨이 찼는지 사륵사륵 잠에 빠져 있다
잠든 얼굴 위로 쏟아지는 꽃잎들
어쩌면, 어두운 골목에 갇혀
자신만을 파먹고 사는 노인의 소매를
자전거가 이끌었는지도 모른다
벚꽃 풍경을 한 번이라도 더 느껴보자고,
아픈 관절 다독이며 타고 끌고 달려온
벚꽃 명소,
벚나무도 몸을 기울여
그들의 잠을 꽃그늘로 덮고 있다
끙, 하고 돌아눕는
노인의 잠에 미소가 잠깐 피었다 진다

재활용

인생은 칠십부터, 칠순을 축하합니다
폐기물 딱지가 붙어
전봇대 밑에 버려진 사진틀 속에
칠순의 여자가 환하게 웃고 있다

덕담을 곁들인 몇 순배의 술이 돌고
절절한 사모곡에 가슴이 달아올랐는지
옷섶에 꽃 한 송이가 활짝 피어있다

사진틀 밖의 세상엔 폭설이 잦았을까
앙다물고 있는 철문을 바람이 흔들다 간다

발걸음이 잰 여자는 사진틀을 빠져나와
어느 골목을 누리번거리다가
덜컥, 문이 잠겨 돌아가지 못했는지
목련꽃에 진물이 흘러내린다

강아지를 찾습니다. 전단지가 붙은 전봇대 밑에서

발자국이 얼어붙어 미아가 된 사진
고물도 되지 못해 재활용 리어카에 실리지도 못하고
며칠째 폐품 수거 청소차를 기다린다

괜찮아, 어디로든 가겠지 칠순은
재활용이 안 되나 봐
사진 속 여자의 혼잣말이 골목을 적시는 밤

그믐이 된 달이
콜록거리는 골목을 가만히 내려다보고 있다

장미 여인숙

오래된 골목 끝에 아날로그식 여인숙이 있습니다
처마 끝에 알전구가 깜박이는 집

아직도 꽃이라며 당신은 붉은 입술을 내밀고 있지만
덧칠한 화장이 덕지덕지 일어나고
약해진 불빛은 겨우 발목이나 비추고 있지요

공단으로 술집으로 송사리 떼처럼 몰려들던
허기진 신분들 모두 떠나버리고 당신은
희미해진 약도로 골목에 빗금을 치고 있습니다

벽지에서 피어난 꽃들이 눅눅한 향기를 품어내고
뿌리 없이 떠도는 난민들의 앓는 소리가
바퀴벌레처럼 더듬이를 내미는 방

당신의 품에다 쏟아놓고 간 지워지지 않는 말들은
슬픔만 빼곡해서 틈서리마다 박혀 있는 눈물이
곰팡이 꽃을 피웁니다

당신에겐 그것도 버릴 수 없는 향기여서
주름 깊은 살갗에 문신으로 심어놓았나 봐요

가랑비 속, 당신의 입술이 참 서늘해 보이네요
골목 관절이 몇 번이나 꺾여
희망이 안 보일 때쯤 거기 끝자락에 서 있는 당신

미음 줄처럼 연결된 한 가닥 전선이
당신의 생을 밝히는 유일한 젖줄이듯, 당신은
변방에 기대 사는 이들의 마지막 성소聖所라고
오늘도 희미한 전구를 깜박이고 있습니다

거리의 철새들

어스름이 짙어가는 역전 광장 구석에
철새들이 모여 있다
새우깡 봉지를 바닥에 뜯어 놓고
바다 같은 갈증을 술로 적신다
가로등을 켜놓고 잔치하듯 둘러앉은 거리의 새들
저마다 붉은 눈으로
날개깃에 간직한 바다를 꺼내 보고 있다
내륙 깊숙이 날갯짓을 하다가
화려한 불빛을 오독하여 불시착한 도회지
길을 찾아 얼마나 죽지를 퍼덕였으면
깃털 빠진 후줄근한 점퍼가 되었을까
어둠 속 지붕 없는 이들의 서러운 이야기가
슬픔을 베고 바닥에 눕는다
새들의 체온으로 식어가는 바닥
더 이상 좌표가 되지 못하는 도시의 밤하늘에
흉터처럼 그믐달이 박혀 있다
누워서 만져보는 가슴 속의 흉터에서
박제된 날개가 만져지는지

여기저기서 끙, 하고 돌아눕는다
무료급식 긴 줄이 되기 위해
주섬주섬 허기를 가방에 주워 담고 찾아 든
역전광장, 철새들의 둥지
언제든 날 수 있게 지붕을 없앤 잠들이
너덜해진 삶을 서로 포갠 채
가로등 불빛을 이불처럼 끌어다 덮고 있다
밤 열차가 그들의 잠 속을 지난다

애기똥풀

유아원 놀이터 한구석에 애기똥풀
노란 꽃 하나가
해거름 바람에 오슬오슬 떨고 있다

코 밑에 거뭇한 어스름을 묻히고
쭈그리고 앉아서
한 곳만을 뚫어지게 바라보고 있다

애기들은 하나 둘 엄마 손 잡고
집으로 돌아가고
또 돌아가고
텅 빈 놀이터에 혼자 남은 애기똥풀

치킨 냄새 묻은 앞치마를 기다리며
솜털 뽀송한 여린 줄기가
어렴풋이 외로움을 배우고 있다

억새들

펜데믹을 겪은 억새들의 흰머리가
체머리를 앓고 있다
비쩍 마른 몸으로 햇볕을 쬐고 있는
요양 병원의 억새들
몸속으로 들어온 추위를 몰아내느라
깊숙이 허리 꺾어 마른기침을 토해 낸다
부리를 깃에 묻고 돌아갈 날짜를 가늠하는
철새들의 날갯짓이 꽃샘바람을 부풀린다
억세게 버티었던 생을 바람이 자꾸 떠밀어
마른 종아리 비벼대며
억새들이 바람 소리로 운다
골수가 빈 뼈마디에 펴 바르던 햇볕도
바닥을 내보이고, 억새들은
늦가을 곤충처럼 비루해지고 있다
슬하에 매달리던 풀벌레 소리도 사라지고
작은 바람에도 자지러지는 억새들
거름도 되지 않는 쓸모없는 삶이라고
사람들이 눈을 흘길 때

꺾이지 않는 무릎에 낫을 대고 싶었다며
억새들은 마냥 서러워졌다
노을에 뺨 비비며 생의 끝자락을 밟고 선
종말은 어떤 종결어미가 될지
입속말로 굴려보는 붉고 푸른 문장들의
상투성이 나는 맘에 들지 않는다

필드 골프

오월이 펼쳐 놓은 녹색의 필드 위로
비둘기처럼 쏟아지는 사람들
발아래 공을 놓고 심호흡을 한다

저만치에서 펄럭이는 붉은 깃발을 향해
색색의 감정을 굴리고 있다

살면서, 세상의 싸대기를 한 번도 후려쳐보지 못하고
움츠리기만 했던 주름들이
때를 만났다는 듯 막대를 휘두른다

언제 우리에게 홀인원 같은 요행이 있었느냐며
겨냥 없이 내지르는 딱딱 소리가
구부러진 세월들을 활짝 펴고 있다

세상일 다 제쳐놓고 어슬렁어슬렁
공쳐도 좋을 날,
봄꽃처럼 차려입은 젊음의 화석들이

움푹한 생의 허기를 채우고 있다

고수부지 필드에 내려앉은 오후가
빛나는 환호성으로 굴러가고 있다

입동立冬

빳빳하게 깃을 세운 동지 바람에
실려 온 이삿짐이 물소리에 젖고 있다
철교 아래 버리듯 부려놓은 짐
주인은 보이지 않고
짐이 된 것들끼리 서로 몸을 포개어
막막한 세상을 버티고 있다
돌돌 말려 마대 자루에 담긴 이불 한 채와
유모차에 마구 쌓여 있는 옷가지에서
멱살 잡혀 끌려 나온 흔적이 역력하다
한 사람의 삶의 목록이
이렇게도 간단히 요약될 수 있다는 것에
콧등이 시큰거린다
그는 이삿짐만 버려두고 어디로 갔을까
소주도 얼어붙는 길고 추운 밤이 두려워
보금자리 햇살론, 이름만 그럴듯한
서민금융 대출 앞에 목을 매고 있을까
삼겹살 불판 앞에서 서로를 위하자고
마주치던 술잔들에 무릎 꿇고 있을까

끼니때가 지났는데도
비닐에 쑤셔 박혀 있는 냄비와 숟가락이
일 나가지 않은 작업화와
전투복 바지의 찢어진 허기를 달래고 있다
머리맡 교각에는
누군가 스프레이로 갈겨 쓴 잔향殘響이
열차 소리에 떨고 있다 잔향,
어느 나라 정착촌 얘기인지 알 수 없으나
큰 소란이 지나간 후 남아서 떨고 있는
이삿짐의 속울음 같다
모든 것들이 제집을 찾아 들어가는 입동에
집을 나온 짐들은 어디로 가서 잠을 청할지
다리 밑, 이삿짐의 한숨이 잔향으로 떠돈다

노모의 수업 시간

순옥 씨가 노모와 시 창작 수업에 왔다
노모의 속도로 굴러가는
보행기에 발을 맞춰
노랗게 생을 앓는 가로수 길을 건너서 왔다
교실 뒤쪽에 보행기를 모셔 놓고
묵은 삶을 풀어놓자
교실 뒤편이 묵직해졌다
87세 김단이, 자기를 소개하는 문장에서
새파랗게 자라는 집념
이제 막 말을 배우는 아이처럼 자음과 모음이
백지의 공간에서 더듬더듬 짝을 찾는다
오래 묵은 텃밭처럼 거칠어진 주름 밭에
노모는 어떤 씨앗을 뿌리고 싶었을까
아기처럼 서툰 보행으로 나선 시의 길목에
치마폭에 싸온 당신의 이야기를
어떤 메타포로 드러내고 싶었을까
노모를 따라온 보행기가
사륵사륵 단잠에 빠져 있는 동안

예시를 읽어주는 선생님의 목소리에
노모는 연신 고개를 주억거린다.
흐르는 물이 인생과 같다는
어느 시인의 생각에 공감한다는 뜻이리라
밤벌레 울음소리에 돛을 달고
망망한 생의 바다를 떠돌다 닿은 포구에서
짭조름한 삶의 은유를 퍼 올리는
노모의 수업 시간이 가을처럼 익어 간다

꽃들의 풍경

봄이 들판에 꽃을 쏟아 놓았다
원색의 꽃들이
어지럽게 스텝을 밟고 있다
붉게 노랗게 색을 바꿔가며
깔깔 피는 웃음소리
바람을 타고 날아오른다
구름을 꺼내세요
하나, 둘, 셋
틀린 박자로 밟아도 될까요
땀에 젖은 노란 꽃
달아나는 박자를 쫓아가다가
거꾸로 턴을 한다
선생님, 제가 안 틀렸어요
통통 튀는 음악 속으로
굳은 관절들이 빨려들어 가고 있다
꽃밭을 횡단하는
바람의 등도 활짝 피어 있다

두 평 사람들

먼지 묻은 작업화가 뚜벅뚜벅 새벽을 열어젖힌다
역전 골목 고시원 칸칸마다
탈피하지 못한 애벌레들이 주름을 접고 있다
은빛 날개를 꿈꾸면서 변방을 떠돌다가
세상의 모서리에 멍들고 찢긴 사람들
슬금슬금 누구는 기초 수급자가 되고 누구는
홀아비 막노동꾼이 되었다
수십 번 고시에 낙방하고 고시족이 되었다는
윤 씨가 주방에서 라면을 끓인다
종이 한 장 차이로 고시원을 탈출하지 못한
그의 이야기에 고시원의 밤이 깊어진다
흑룡강성에 돌아가 소를 키우고 싶다던
조선족 김 씨, 부러진 다리에 일당을 털어 넣고
소처럼 큰 눈망울에 어룽어룽 고향이 담겨 있다
자식들의 무게에 눌려 살던 수급자 권 씨는
대장암 수술로 재활용된 삶이라며
아픈 배를 움켜잡고 누렇게 웃는다
끝 방 총각은 배달의 민족,

산 목련처럼 혼자 늙는 영자 씨는
살아온 산전수전을 주방 탁자에 툴툴 털어놓는다
오늘은 소한, 닭죽을 끓였다며 영자 씨가
국자로 문을 두드린다
건달도 수급자도 배달부도 동포도
어둑살이 뻗치면 개미처럼 기어드는 고시원
칠이 벗겨진 낡은 삶들이
식은 닭죽을 후후 불며 두 평에 들어앉아
번데기의 시간을 견디고 있다

제 3 부

댕댕이 소쿠리

어머니는 밤마다 소쿠리를 만드셨다
가난밖에 더는 담을 것이 없었는데도
댕댕이 긴 줄기로 여름밤을 엮었다
아버지를 잃고 댕댕이 넝쿨처럼 바닥을 기던
청상의 어머니
숱한 바닥을 다 더듬고 나서 허리를 세운 것이
댕댕이 푸른 넝쿨이었다
아버지의 머리털같이 뻣뻣한 줄기를
손바닥으로 쓸어가며 밤새 엮었을
당신의 줄거리를 한 올 한 올 더듬어 본다
가슴속 한恨의 타래를 헐어
가닥가닥 엮어간 여름밤의 자서전은
눈물을 찍어 쓴 비문이어서
읽기도 전에 번지는 당신을 읽을 수가 없다
씨줄과 날줄이 엉켜드는 밤이면
엉킨 삶의 타래를 푸느라 하얗게 지새웠을
당신의 여름밤을 손바닥으로 쓸어 본다
거미줄처럼 술술 뽑혀 나왔을

슬픔의 가닥가닥이 오돌 도돌 만져진다
손끝으로 옮아오는 저릿저릿한 생의 파동
실눈을 감고 뒤척이다
홀쩍이는 흙벽의 그림자를 본 밤이면
어머니의 아침은 부어 있었다
어린 육 남매의 소쿠리처럼 불룩한 배를
홑치마로 덮어주면서
밑이 약한 소쿠리가 되지 않게 하려고
손끝에 힘을 실어 바닥을 다졌을 어머니
지문이 다 닳도록 짜 올린 당신의 테두리에서
올망졸망 우리는
몇 알의 감자로 담겨 살았다

입춘을 지나며

느랏티 작은 방죽 버들강아지가
실눈을 뜨고 있었다
뚝방 길을 따라 산모퉁이 돌아서자
시퍼렇게 동상을 앓고 있는 보리밭
보리처럼 서러운 서사가 또 있을까
서릿발 서는 땅에 실뿌리를 내리고
눈 녹인 물로 목을 축이며
삼동을 견디는 질긴 목숨들, 저들은
보릿고개를 넘던 퀭한 눈빛들이
수없이 쓰다듬던 푸른 심장이었다
입춘을 지나면서
가벼워지던 쌀독이 밑바닥을 내보이고
입가에 마른버짐이 꽃처럼 피어날 때
집집마다 소쿠리에 보리 싹이 수북했다
쑥 잎이 나기까지 보리 싹으로 양을 불린
죽 그릇을 핥으며
나는 보리처럼 푸릇푸릇해졌다
어머니의 허리춤이 유독 가늘어지던

입춘을 지나다가 마주친 보리밭
서릿발에 들뜬 고랑을 밟아주고 있는데
어디선가 자꾸
밥 먹고 가라는 소리가 들린다
돌아다보면 솔바람 소리만 솔 고개를 넘고
손톱 밑이 까맣던 그리움 하나
산허리 푸른 물살을 헤치고 있다

짜장이 식었다

북경반점 창가에 앉아 짜장면을 먹는다
구수한 냄새를 젓가락에 감으며
내다보는 유리창에 누나의 잇몸 미소가 피어난다

신작로에 자갈을 까는 부역을 나오라고
이장의 외침이 새벽 골목을 누비던 날
읍내 사진관에서 누나의 약혼식이 있었다
모든 것이 흑백이던 시절
누나는 남자의 목을 넥타이로 옭아매고
매형은 한 돈짜리 금반지로 손가락을 걸면서
변치 말자고 인증 샷을 찍었다
사진 한 방으로 끝나버린 약혼식
양가는 읍내 하나뿐인 중국집으로 몰려갔다
서먹한 침묵이 몇 차례 오가는 사이
미닫이문이 열리고 짜장면이 들어왔다
오! 세상에, 이런 맛이 있었다니
나는 몇 번이고 빈 그릇을 핥으며
정말로 짜장면집에 취직하고 싶었다

흑백 사진을 찍고 흑백의 짜장을 먹어서였을까
누나의 생은 한 번도 컬러풀한 적이 없었다
흑백의 사진처럼 무덤덤한 삶의 표정은
선홍의 슬픔마저도 흑백으로 처리되어 아무도
그녀에게서 아픔의 뿌리를 보지 못했다
흑백의 세상은 절반이 슬픔이어서 누나의
베갯잇은 늘 젖어 있었다
초췌한 모습으로 병원 문을 나서던 날
누나는 백일홍을 심는다 했다
황혼의 빛이 비껴드는 누나의 좁은 마당

컬러풀한 꽃들의 춤사위를 생각하다가
아! 짜장이 식었다

매형

컴컴한 국밥집 구석진 자리에 앉아
한 사람의 생을 떠올린다
슬픔의 농도에 따라 점쳐지는 생

젊음을 화투장에 송두리째 탕진하고
야반도주로 살아온 팔십 평생을 나는
국밥에 말아 한 숟갈씩 떠내고 있다

병원 문을 나설 때, 그는 생의 초점을 잃고
이승의 밖을 내다보고 있었다

술잔처럼 생의 밑바닥이 훤히 들여다보였을까
수술할 수 없다며 링거 줄을 뽑아버리던
칼칼한 결기, 파르르 소주잔에 파문이 인다

자식에게 유산으로 물려줄 수술비가
뒤늦게 일깨워 준 무일푼의 양심
이것도 사랑인가 싶어

나는 소주 한 잔을 털어 넣는다

식은 국물 같은 생애에 숟가락을 깊이 넣어
휘저어 봐도 건더기 하나 건져지지 않는
참, 묽은 생애를 가진 사람

대학병원 근처 국밥집에서
한 사람의 줄어드는 삶의 체적을 가늠하며
나는 또 한 병의 모가지를 비틀고 있다

웃음의 뒤편

이른 봄날 남도로부터 부고가 날아들었다
핸드폰에 찍힌 단문의 건조체
요약된 생의 마침표를 오래 들여다본다
웃음보다 그늘이 더 무성하던 사내
유자꽃이 좋아 남도의 끝자락에
둥지를 틀었다며 멋쩍게 웃던 사람이
국화꽃 뒤덮인 영정으로 맞는다
급조된 사진 속의 웃음을 바라보면서
향불 하나 피워 놓고
육개장에 밥을 마는데 자꾸 눈물이 난다
부음에 불려온 친지들과 지인들이
고인의 행적을 낱낱이 들춰내는 동안 나는
저승에도 술이 있을까, 잠시 딴생각을 했다
이른 새벽, 잠을 빠져나와
날이 밝으면 먼 길 떠날 망자에게
다시 향을 피우고 술 한 잔을 따랐다
자신이 처지를 아는지 모르는지
급조된 영정이 국화꽃 속에서 웃고 있다

유산으로 물려받은 가난을 버리려고
가난과 싸우느라 일생이 가난했던 사람
우주 가득 봄기운 움트는 날
돌아올 수 없는 길을 마실 가듯 나서는
저 미소를 어떻게 읽어야 할까
어떤 웃음은 슬픔의 페르소나, 그의
웃음 한 겹을 들춰 보면 아직 식지 않은
일생의 설움이 다 쏟아져 나올 것 같아
나는 손수건을 꺼내 사진 속 눈시울을
가만가만 눌러 주었다

마르지 않는 어깨

빗소리를 들으면 나는
한쪽 어깨가 젖어 든다

네 마음이 젖을까 기울였던 우산은
비가 멎어도 접히지 않았다

생의 오랜 건기를 지나면서
다 말랐다고 생각했는데

빗소리에 아직도 한쪽 어깨가
촉촉하게 젖는다

먼 곳
- 딸에게

작은 새가
둥지의 끝을 밟고 먼 곳을 보고 있다
너는 먼 곳을
한 번도 날아가 본 적이 없는 곳
종소리가 소복이 내려앉는 곳
푸조나무 이파리 사이로 쏟아지는 별빛이
둥지를 환히 밝히는 곳이라고 했지
그곳으로 가기 위해
너는 날개깃을 키운다 했지
구멍 숭숭한 둥지에서
시린 발 번갈아 들어 올리며
밤낮으로 깃털을 다듬는 것도
아직은 무른 발가락
나뭇가지 단단히 쥐어보는 것도
다 그곳으로 가기 위한 것이라 했지
뒤가 무거우면 멀리 날 수 없어서
먼 길 가는 새는
뒤돌아보지 않는다며 너는

앞으로만 나는 날갯짓을 익혔지
네가 꿈꾸는 곳은 산을 넘어,
붉게 우는 저녁놀을 건너
길 없는 길을 걸어야 하는 곳이란다
그곳도 여기처럼 바람이 불고 눈 내리고
이제 곧 겨울이란다
너는 네가 가진 솜털로 너의 작은 둥지를
둥그렇게 감싸야 할 때가 온 것이다
애야, 사는 일은 견디는 일이란다

터미널

입구와 출구가 동시에 열리는 버스터미널
배웅과 마중이 부딪쳐 일어나는 소음이
대합실 가득 먼지처럼 떠돈다
커피를 손에 쥐고 대합실 의자에 앉아
이별의 시간을 기다린다
서로 다른 방향으로 앉아 있던 사람들은
비껴가는 시간에 따라 서로를 빠져 나갈 뿐
우리는 의자에 앉아 셀카를 찍었다
웃음을 지었으나 입꼬리를 당기지 못해
우는 모습이 되어 버렸다
11번 플랫폼으로 버스가 들어오고
사람들의 틈에 끼어 나는
아들의 손에 다급히 당부를 쥐여 준다
국밥에 수저를 찔러 놓고 연병장으로 향하던,
흔들리던 그 눈빛이 차에 오른다 나는
아들의 등에 매달린 가방의 무게를 가늠해 본다
저 무게를 키우기 위해 낯선 곳으로 떠나는
아들의 뒷모습이 축축이 젖는다

차창 밖에서 뒤꿈치를 한껏 들어 올려 보았으나
깜깜한 유리창이 저만치 나를 밀어낸다
집으로 돌아오는 길
차창 너머 무논에 어린 모가 누렇게 시들고 있다
물속에 뿌리를 담그고도 갈증에 목이 타는
어린 모의 신열이 논바닥 가득 앓아누워 있다
낯선 땅에 뿌리를 내리려는 아들의 모습이
무논의 풍경에 자꾸 겹쳐 보인다 나는
소매로 버스 유리창을 자꾸만 닦고 있다

나무와 나

매화나무 잘린 줄기가 허공을 더듬는다
바람에 우는 법을 터득했나 싶었는데
현絃을 잃고 우두커니 바람을 흘리고 있다
나무는
가지가 머금었던 꽃의 향기와
벌 나비의 입술도 잃고
마디마다 돋아나던 꿈마저도 잃었다
가지에 머물렀던 숱한 사연을 쥐고
밤새 가슴 울렁거렸을 나무는
말랑한 기억들을 어느 마디에 묻었을까
자꾸만 네게로 내밀어지던 마음을
싹둑, 잘라버린 후
내 마음속 오래오래 가시지 않던 환지통
빈 가지로 몰려드는 그리움 가운데
너 아닌 것이 없다
없는 너를 품고 살아가야 하는 일은
옹이에 박힌 아픔 같은 것
환지통에 시달린 밤의 손목이 퉁퉁 부어있다

시름도 깊어지면 힘이 되는지
꼿꼿한 자세를 흩트리지 않는 나무
지금, 나무와 나는
잘려나간 자리에서 자꾸만 돋아나는 그리움을
바람 부는 허공에 매달고 있다

흑백 사진

딸깍, 불을 켜니 어머니가 빤히 쳐다보신다
어머니의 표정에 근심이 서려 있다
아마도 아들의 귀가 시간을 헤아리신 것 같다
미안, 나는 사진틀을 집어 들고
등한했던 시간을 손바닥으로 쓸어내며
어머니와 오랜만에 눈을 맞춘다
사진 속 반듯한 가리마에선 아직도
근엄한 훈육의 냄새가 난다
자식들에게 새겨진 가난의 지문을 지우려고
가슴팍에 꽃 한 송이 피우지 못했는데
사진 속 저고리가 자잘한 꽃을 피우고 있다
나들이옷 한 벌이 전부이던 어머니
장 보러 가실 때나 친정 원행 길에
뽀쁘링 치맛자락에 환하게 피어나던 꽃
이제껏 당신을 헐어 허기를 채우면서도 나는
퉁퉁 부은 당신의 관절을 이해하지 못했다
가파른 고갯길 넘어져 우는 누나들을
업고 끌고 넘었다는 당신의 줄거리는

어느 장을 넘겨봐도 갈피마다 눈물이다
가슴에 외로움을 몇천 평이나 가꾸며 살았는지
사진 속 세상은 사철 쓸쓸한 바람만 불어
당신의 표정이 풀어지지 않는다
잠 못 이루는 밤,
사진 속에서 자꾸만 보리밥 냄새가 난다

그림자

외등 아래에선 마음을 자주 들킨다
밝음을 향해 서면
보이지 않다가
등지면
툭, 튀어나와 바닥을 적신다

빛을 향해 비상하는 이카로스의 날갯짓
무한대로 번식하는
빛에 대한 욕망을
발부리
곧추세우고 그림자가 당기고 있다

내 마음 밑바닥에 고여 있는 평형수
나침판 없는 길을
왼쪽으로만 걸을까 봐
그림자
신발을 꿰며 길을 따라 나선다

장터에서

뚝방 길을 천천히 걸었다
장날, 그 많던 아우성들은 다 어디로 가버렸는지
뚝방도 깽변도 알몸인 채 가랑비에 젖고 있다
이십 리 길을 머리에 이고 온
아낙들의 허기를 채워주던 국수집도
풀 먹인 두루마기 흰 수염들의
다리거리 옴팡집도 찾아볼 수가 없네
쇠전으로 가는 골목
따개비처럼 붙어 앉은 오종종한 난전들이
몇 무더기 푸성귀로 오슬오슬 떨고 있다
두 단에 오천 원이라며
검정 봉다리를 내미는 쪼글쪼글한 주름이
젊음은 다 짜주고 쭈그러진 빈 젖만을
골목 모퉁이에 물리고 있다
군데군데 이빨이 빠진 시장 골목을 걷다보니
늙는다는 것이 사람만이 아닌 것 같다
장터거리도 상점 간판도 다 늙어 버렸다
어머니의 분홍 세타와 쇠전 가마솥에 설설 끓던

선짓국, 술 취한 욕설들은
다 어디로 가서 쌓였는지 아아! 나는
얼마나 많은 골목을 잃어버린 채 살았는가
헝클어진 흰머리를 쓸어 올리며
가랑비 흩뿌리는 장터에서 나는
나에게 한 잔의 막걸리를 권하고 있다

나르키소스

네게로 가는 길이 보이지 않는다

이념의 좌우처럼 서로를 건너지도 못하고
숲속을 떠도는 반향

움켜쥐면 손가락 사이로 흘러내리는 오후
너는 흔적도 없이 사라진다

조그만 숨결에도 뿌리째 달아오르는
가냘픈 목덜미

얼마나 오래 들여다보았을까
사랑이 되기까지

까치 소리

우듬지 잘려나간 오동나무에 앉아
저녁까치가 운다 까악 깍,
날카로운 음절이 서녘 하늘을 쪼고 있다
마을 앞 오동나무 가지가 잘리면서
집을 잃고 떠돌던 새가
허공의 둥지에 울음을 풀고 있다
흩어져 살던 가족들이 웅성웅성 모여드는 설날,
골목 식당을 기웃거리는 이주노동자처럼
까치가 잃어버린 둥지를 서성이고 있다
버스에서 내리면 신발 끈을 다시 조여야 했던
달동네, 오동나무 까치집처럼
더 이상은 올라갈 데 없는 산동네 우듬지에
얼키설키 지어 놓은 무허가 판잣집
삭정이를 물어다 바람구멍을 막고 둥지 곁에서
밤을 지키던 아버지는
구멍 숭숭한 지붕으로 별을 이고 살았다
새 새끼처럼 벌린 입을 채우느라
찢어진 죽지에선 언제나 눅은 기름 냄새가 났다

달빛이 오래 어깨를 짚어주던 산동네 까치집
캐터필러 자국이 깊어지고
포클레인 굴착기가 둥지를 내리찍을 때
핏물이 튀듯 까치 소리만 사방으로 흩어졌다
가지 끝에서 피어나던 별빛을 잃고
생을 조율하던 바람과 빗소리마저 잃어버린 오동나무
뭉툭해진 마음에 열두 가닥 줄을 걸면
다시 새들의 울음소릴 불러낼 수 있을까
까악 깍, 핏자국 선명한
나무의 환부를 시리게 파고드는 까치 울음소리에
부르르 허공이 몸을 떤다

제4부

뿌리의 발견

석탑 처마 아래 불상이 앉아 있다
어둠 속을 헤매던 미혹 뿌리째 짊어지고
좌선에 든 나무부처
꽃 사태 져 내리는 사바의 봄날
풍경 소리에 마음을 준 듯
부처의 입가에 잔 미소가 번지고 있다
푸른 기둥 하나 세우기 위해
캄캄한 땅속에서 손톱으로 길을 내며
지상의 무게를 버티었던 뿌리
썩을 것은 썩고 숨결만 살아남아 수천 겹
물결무늬 굽이치는 뿌리에서
목공은 어떻게 불심을 찾았을까
근본까지 뽑힌 채 아무렇게나 굴러다녔어도
썩지 않은 정신에서
붓다의 형상이 비쳐 보인 것이리라
긴 어둠의 시간을 견디느라
모가 난 뿌리의 성정을 사각사각 파낸 자리에
오롯이 들어앉은 목불木佛

뿌리가 지닌 불심을 다치지 않으려고
마음결을 따라 새겨놓은 형상에서
천년 미소가 입술을 물고 있다
저 미소를 피우기 위해 얼마나 오랫동안 목공은
뿌리의 안쪽을 들여다보았을까
우지끈, 절간 앞 늙은 소나무 목 부러지는
소리에도 흐트러지지 않는 표정을 갖게 하려고
목공은 온 정신을 칼끝에 실어
금강경 한 구절을 배경으로 심어 놓았다
뿌리에서 태어나 뿌리로 돌아가는
목불상 앞에서 나는
두 손을 모으고 향 한 줌을 보태었다

봄을 심는 사람들

머릿수건을 두른 여인들이 봄을 심고 있다
코스모스 죽은 줄기를 뽑아낸 고랑 따라
알뿌리를 심는 사람들
한 생이 다한 자리에 또 다른 생을 앉히며
봄을 예약하는 손길이 분주하다
이제 저 구근들은 캄캄한 흙 속에서
한 가닥 생명의 심지를 품고
제 몸을 썩혀가며 부활을 꿈꿀 것이다
삭풍 속에서 매운맛을 품는 마늘처럼
추울수록 선명해지는 생명의 원색
봄은 언제나 겨울의 채찍 끝에 묻어온다며
광장의 붉은 머리띠들도
북을 치며 한파 속에 그들의 봄을 심고 있다
나날을 얼어 지내는 지상의 뿌리들을 위하여
얼어붙은 공중에 푸른 함성을 심는다
비탈진 가슴 깊이 고랑을 파고 보리를 심던
어머니의 봄은
푸른 세상을 이루지 못했으나, 그래도

들에서 거리에서 봄을 심는 사람들이 있다
헐벗은 몸에 구덩이를 파고
뿌리를 묻는 마음에서
부화하는 봄
노란 부리 봄이 얼지 않게
지푸라기를 덮고 있다

아무래도 설악을 다녀와야겠다

눈 내리는 저녁나절
푸르르 푸르르 눈을 털어대는
나무들을 보면서
문득, 백담사 냇가의 돌탑이 생각났다

독경 소리도 얼어붙는 설악의 계곡에서
내 소원을 붙들고
넘어지지 않으려고 두 발을 버티며
눈과 바람을 맞고 있을 돌탑

나는 소원을 이루기 위해
부처님을 뒤로 하고
백담 냇가에 한 층 한 층 탑을 쌓아 놓았었다

돌 하나에 하나씩
감당하기 힘든 소원을 담아 층층이 싸 놓은
때 묻은 욕심
나는 그것을 까맣게 잊고 살았다

잊고 살아도 좋을 소원을
돌의 마음에 심어 놓은 부끄러움이
창밖의 눈처럼
마음에 한 층 한 층 쌓이고 있다

손발이 얼어가며 내 소원에 묶여 있을
짠한 울음을 놓아 주러
아무래도, 나는 설악을 다녀와야겠다

향나무

나무는 바람의 올을 몸에 새긴다
붓을 비틀어 단번에 그어 내린 골각체는
어떠한 수식에도 흔들리지 않았다
어느 해 불어 닥친 회오리바람에
가지 몇 개 거느리고 짱짱하게 맞서다가
목이 꺾이고 말았다는 나무
부러질망정 휘어지지 않겠다는 외침만 살아서
꼿꼿하게 하늘을 받치고 있다
수백 년간 몰두해온 바람과의 갈등으로
나무는 사내처럼 거칠다
온몸으로 바람을 감아 찢어지고 비틀려
마른 생의 구간을 지나면서도 나무는
가지 끝까지 매운 향을 길어 올린다
희망도 절망도 한 줄기에서 피어나는 것
목을 내어주면서도 나무는
가지를 키우고 향을 끌어 모았다
향나무 푸른 향은
발아래 지리멸렬한 세상을 향한 무언의 독설

나무들이 옷을 벗고 추위에 손을 들 때
향나무 매운 향을 세상에 흘려 넣는다
눈 속에 발을 묻은 나무의 마른 뼈대에
천둥소리가 들어있다는 이끼들의 진술이
노구老軀의 밑동에 생생하게 적혀 있다

고목

아무런 수식도 없이 치켜세운
수직의 뼈

수 세기世紀를 한 획으로
압축하였다

제 몸 썩혀 비워낸 몸통에
별빛 우려낸 마음을 담고

살가죽에 피어나는 검버섯으로
감각의 지평을 늘리고 있다

무수한 줄기로 뻗어가던 사유가
옹이로 박혀 단단해진 상징

수목원 뜰 고목 한 그루
아직도 그의 시는 퇴고 중이다

능소화
―그리움 쪽으로 귀를 열다

무지개다리 아치형의 철골을
능소화 푸른 줄기가 오르고 있다
폭염에 달구어진 난간을
온몸으로 끌어안고 강을 건너고 있다
바람이 불 때마다
바들바들 떨리는 잎사귀의 심장 소리에
손톱을 더 깊이 찔러 넣는다
하나의 뿌리를 다리 양쪽에 나누어 심었다는
능소화, 아득한 거리에서 싹을 틔웠어도
서로를 향한 눈빛에서 한 핏줄임을 알겠다
온 생을 허공에 걸고
길목마다 붉은 피 뚝뚝 떨구며 까마득한
벼랑을 타고 오르는 능소화
잎이 지고 피돌기가 멈춘 알몸의 줄기가
휘청 손을 놓치고
까마득한 허공에서 길을 잃었을 때도
굴광성의 집념은 포기할 줄 몰랐다
만남의 길을 걷는다는 것이

저렇게도 온 생이 파들거리는 일인 것을
서로를 부둥켜안을 때까지 저들은
또 얼마나 많은 벼랑에 무릎을 꿇어야 할까
쿵쿵, 다리를 밟고 오는 어스름에
능소화가 무지개다리 난간에 발을 걸치고
그리움 쪽으로 귀를 활짝 열고 있다

버팀목

근린공원 늙은 소나무를
삼각三脚의 버팀목이 받치고 있다

한 해에 한 마디씩 둘레를 키워온
등 굽은 역사를
발목이 시큰하도록 떠받들고 있다

한 나무의 일생을 떠받치고 있다는 것은
나무의 푸른 음색과
새의 체온과
가지에 걸린 달의 무게까지
몽땅, 받아 안고 있는 것이다

언젠가 늑골 안쪽으로 몰아쳤던 폭설에
가지가 부러지고
뿌리까지 휘청거릴 때
그 절망을 받아 안고 바람을 버티면서
서로의 슬픔을 알아버렸을까

저렇게 늙도록 몸을 기대고 있다는 것은
서로의 마음이 번졌다는 것
이미 한 장의 역사,
하나의 뿌리가 되었다는 것이다

생솔 향이 번지고 나무는
또 한 겹의 서사를 몸에 두른다
푸른 그늘을 이고
등이 흠뻑 젖은 버팀목의 장단지에
푸른 정맥이 얼비친다

혜석*을 읽다

골목마다 봄이 쏟아지고 있다
담장의 어깨를 짚고 목을 내민 목련이
골목의 소문을 내다보고 있다
커피 향 짙은 이 골목 어딘가에
아픔을 꽃말로 지닌 한 사람이 있었다는
솔깃한 소문이 봄처럼 파다했다
옷섶에 최초라는 수식어를 달고
설한풍 속에 홀로 피었다 진 향기가
골목을 가득 메우고 있다
가슴에 불씨를 품고
누구도 가지 않은 길을 먼저 걷다가
돌아갈 길을 지워버린 사람
인형이 아닌 사람으로 살고 싶다며
펄럭이는 파문을 입고 선각의 굽을 또각거리던
당신, 병든 거리를 헤매이다
이름 하나 끌어안고 꺼져버린 불꽃은

---
* 나혜석: 우리나라 최초의 여성 화가(1896~1948)이자 작가, 시인, 여성 운동가다.

어느 장을 펼쳐 봐도 난독의 페이지다
나는 그 슬픔의 행간에서
당신을 점자처럼 더듬고 있다
아직 채 발굴되지 않은 소문을 가슴에 담고
찻집 많은 골목을 들어선다
공방을 지나 글썽이는 벽화 아래 나는
당신의 이름을 벗어 놓았다
슬픔이 출렁이는 골목은 좌초된 영혼의 거처
사람들이 웅성거리며 소문처럼 모여든다

버스킹

어둠을 덜어 낸 몇 평의 불빛 아래
절름발이 늙은 가수가 노래를 한다
자꾸만 기울어지는 그의 세상을
지팡이로 받쳐 놓고
노래 속으로 서서히 들어간다
감은 눈으로 들여다본 세상에도
사랑은 있어서
저음으로 시작된 사랑이 이별을 건너고 있다
가래 낀 목소리 갈라지는 탁음에
지워야 할 사람이 아프게 매달린다
누구에게나 가슴 저릿한 십팔 번 엘레지가
밤의 감정을 휘어잡는다
사랑도 줄거리도 다 잊고 살던 사람들이
옷섶을 들추며 제 상처를 더듬고 있다
세상의 아픈 곳을 지팡이로 두드려
소리를 깨우는 거리의 가객
가닥가닥 흘러내리는 슬픔을 기타에 찔러 넣고
절뚝이는 음표를 바닥에 찍으며

밤의 눈언저리 닦으며 간다

물의 경계

청둥오리가 군데군데 풍경으로 박혀있는
도시의 하천
버드나무 우듬지로 물고기 떼가 지나가고
물에 잠긴 하늘에 먹구름이 몰려든다
어느 계곡이 무너져 내렸는지 다급하게 달려온
흙빛 숨결에서 죽음의 냄새가 뭉클하다
맑은 물과 흙탕물이 부딪치는 자리에
금이 그어지고 물의 경계가 선명해진다
물과 물이 다투는 갈등의 지점에서
하천의 발목이 잠시 휘청거린다
흙탕물의 농도에 혀끝을 대보는 하천
하천은 천천히 아주 천천히 자신의 맑은 숨을
흙탕물에 불어 넣는다
상처는 이렇게 달래야 한다는 듯이
흙탕으로 뭉친 마음을 결결이 풀어 준다
서서히 헐리는 물의 경계
하나의 물빛으로 여울을 타 넘는다
받아 주고 풀어지며 흘러가는

물소리의 지느러미가 순하다
물속에서 피고 지는 일들을 바라보며 나는
물처럼 마음 섞어 흘러가지 못하고
고여 있는 지상의 풍경을 떠올린다
촛불로도 밝힐 수 없었던 거리는 아직도
몽유에 취한 채 길 위에서 비틀거린다
물의 숨결로 일어서는 저녁
붉게 물들어가는 하늘 아래 물새들이
노을을 끌고 총총 집으로 간다

회한悔恨

내가 없는 세상에서 이리저리 떠돌아다닐
먹구름을 채집하여
배낭에 구겨 넣고 북악을 오른다

발밑에는 슬픔의 무늬들이 서걱거린다

어디서부터 울고 왔는지 작은 개울이
쉬어 터진 목소리로 골짜기를 빠져나간다
흐르는 개울에 한 세상이 떠간다

시퍼렇게 질린 하늘 속으로
숲의 머리칼이 쏟아져 내리고
웅크린 검은 그림자가
물에 몇 방울의 회한을 떨구고 있다

방울방울 풀어지는 검푸른 생의 비문에서
통째로 헛것이었던 사내를 본다
솜사탕처럼 자꾸 부푸는 추문을 혀끝으로 녹이면

밀도 높은 죽음의 냄새가 난다

까마귀 울음소리가 비수처럼 꽂히는 숲
바람이 나무의 머리채를 쥐고 흔드는 그곳은
떨어지는 나뭇잎처럼 내가 허물어질 세상

아아! 나는 펼쳐 볼수록 부끄러운 생애를 가졌다
이제 내 삶의 대부분은
검은 페이지로 장식될 것이다

목공

남자가 통나무에 조각을 하고 있다

사내 곁에는 장승이 된 퉁방울눈이
가만히 사내를 내려다보고 있다

톡톡, 나무망치 두드리는 소리에
수염이 길게 자란
움푹한 볼이
살며시 눈을 뜨는 공방의 오후

사랑이 눈물을 구하지 못한다는 것을
저 사내는 모르는 것일까
물기 마른 나무에서 굳이 사랑을 불러내는
사내의 결핍이 눈물겹다

땀방울이 성수처럼 뿌려지는 공방에서
나무가 부활하고
주위가 조용히 무릎을 꿇는다

배달의 민족

붉은 파도가 출렁이며 넘쳐흐른다

투구를 세습처럼 눌러 쓰고
불의 풍랑 속으로 거침없이 뛰어든다
불과 불 사이
실선을 따라 소리를 높이는 것은
두려움을 떨쳐버리려는 생존의 법칙이다

배달통이 식기 전에 초인종을 눌러야 하는 게임
붉은 신호가 막아서면 소리를 눕혀
겨드랑이를 파야 한다

있는 힘껏 액셀을 당기면 파르르 떠는 심장
더운 콧김 내뿜으며
얼어붙은 거리를 빛의 속도로 달려야 하는
우리는 배달의 민족

완강하게 버티는 불의 스크럼을 뚫고

몇 번의 터치다운으로 투구를 벗고 흰 이를 드러내지만
우리는 거리의 마이너 리거

세상 속으로 스며들기 위해
더운밥이 되기 위해
전속력으로 목숨을 내거는 배달의 민족이다

매미의 꿈

부러진 버드나무 가지에 앉아 있습니다
칠월의 그믐밤,
죽어가는 가지에서 돋아난 새순처럼 나도
허물을 벗으며 새롭게 태어나고 있었어요
어둠과 어둠을 전전하던 긴 시간 동안
마디마다 소리를 채우며 음을 다듬었지요
자꾸만 지상을 향해 꿈틀거리는
섣부른 혈기를 눌러 잠재우면서
최상의 노래를 꿈꾸었죠
캄캄한 땅속을 굼벵이로 구르면서
빛을 모르던 시절이었습니다
수액을 빨면서 내 안에 맺히는 이슬처럼 맑은
음색을 떠올리곤 했어요
소리통이 커지고 제법 음이 울림을 갖추었을 때
희미하게 땅이 열리는 소릴 들었어요
달맞이꽃 환한 저녁
밤새 버드나무 줄기를 잡고 오르면서 나는
마지막 탈피를 예감하고 있었지요

오랜 칩거의 등줄기가 찢기면서 내가 나를
밀어낼 때 투명한 날개를 보았어요
우화의 비밀을 온몸으로 체감하던 날이었습니다
젖은 날개를 말리면서 나는
당신을 흔들 수 있는 노랫말을 생각했어요
이슬 고운 아침, 두꺼운 침묵을 깨뜨리며
성대를 빠져나온 나의 첫 소절
맴, 맴, 맴, 맴~,
끝없이 반복되는 단조로운 가락은 노래가 아닌
소문만 무성한 소음이었습니다
나도 내 소리가 무서워 여름내 그늘에 못 박혀
머리가 붓도록 울어야 했습니다
한여름의 꿈이었습니다

해설 · 시인의 말

| 해설 |

몸의 기억과
비시非視적인 언어 도식

권성훈(문학평론가, 경기대학교 교수)

> 빈 가지로 몰려드는 그리움 가운데
> 너 아닌 것이 없다
> ―「나무와 나」 중에서

1

 시인에게 몸의 기억은 무의식적 문법이다. 거기에 저장된 의식은 시적 자장으로 형성되고 자라나며 언어를 통해 꽃을 피운다. 때로는 사라진 기억마저도 의식으로 소환되는 데 그건 기억에서 삭제된 것이 아니라 무의식에서 배양되고 있는 것. 자신의 경험을 침전시킨 몸의 기억을, 시적 사유를 통해 생산해 내면서 몸의 기억이 가진 실체를 드러낸다. 마치 텅 빈 허공이 비어있는 것이 아니라 가득 차 세계를 담고 있는 것같이 보이지 않는다고 해서 없는 것은 아니다. 오히려 허공을 한없이 바라보면 그것이 끊임없이 팽창하듯이 허공은 분명 없음—의 있음이라고 할 수 있는 것처럼.

여기서 사라진 존재가 잊히지 않고 그리움이라는 사색으로 성장하는데 마치 "잘린 줄기가 허공을 더듬는" 허공의 몸처럼 근원적인 자기 존재를 증명한다. 그리움이란 보고 싶은 마음에 대한 심상으로서 실체가 없지만, 기억 속에서 존재한다는 점에서 몸의 기억에 대한 증거다. 몸의 기억은 "마음속 오래오래 가시지 않던 환지통"같이 '싹둑, 잘라버린 후'에도 여전히 그리움으로 충만한 것. 시인의 체험은 그 시간이 소멸되었지만 무의식에 머무는 것. 이런 몸의 기억은 '잘려나간 자리에서 자꾸만 돋아나는 그리움을/바람 부는 허공에 매달고 있'는 허공처럼 비어있는 문법이 된다.

시인은 허공의 몸처럼 "어느 사전에도 없는 몸의 언어를 나는/또박또박 등으로 받아 적는"(「등의 언어」)데 있다. 시인의 몸의 언어는 "귀로는 들을 수 없는 소리들이 등을 진동"하기도 하면서 '허공의 등'처럼 무의식적으로 집착할 것이 없으므로 걸림도 없다. 다만 걸림이 없어서 얻는 것도 없어 보이지만 아무런 걸림이 없기에 모든 것을 채울 수 있는 자유로 통한다. 이러한 몸의 기억은 시인을 둘러싸고 있는 세계의 자연적이고 문화적인 곳에서 거주하면서 생성되는 것. 여백에서 공간화된 것은, 시인의 체험에 대한 재현이지만 그렇다고 완전한 시뮬라크르라고 할 수는 없다. 그것은 존재론적으로 몸의 기억을 가진 시인이 '허공의 등'을 바라보며 근원적 세계와 소통하는 데서 비롯된다. 허공의 몸이 채울수록 팽창하듯이 경험을 통해 시인은 지속적으로 시편들을 추출하며 몸의 기억을 고유한 언어로 머물게 한다.

이번 박수봉의 시집 『밤의 커튼을 열다』는 허공 속에 펼쳐진 어둠을 '몸의 기억'으로 투사시키면서 생겨난다. 그러면서 몸의 기억을 세계로 작동하는 사유로 가능하게 하며 "허공의 둥지에 울음을 풀고 있"(「까치 소리」)는 근원적 존재의 소리를 듣게 한다. 그것은 박수봉의 재현물로 "온 생을 허공에 걸고"(「능소화」) '푸른 줄기'로 세계라는 "폭염에 달구어진 난간을/온몸으로 끌어안고" 오르면서 "까마득한 허공에서 길을" 찾아온 문학적 소산이다. 여기서 우리는 그의 삶이 "저렇게도 온 생이 파들거리는 일인 것을" 직감할 수 있다. 말하자면 그의 생애에서 몸의 기억은 언제나 자신의 몸이 거주하는 세계에 정박하여 시적 도식과 연결하는 존재론적 사유가 된다.

이러한 존재론적 사유는 블라인드 처진 어둠을 열면서 "희망이 안 보일 때쯤 거기 끝자락에 서 있는 당신"(「장미여인숙」)이라는 새로운 희망을 보게 만든다. 그의 시에서 새로운 희망은 "긴 어둠의 시간을 견디느라"(「뿌리의 발견」) "어둠과 어둠을 전전하던 긴 시간 동안"(「매미의 꿈」)에도 "어둠으로 이어진 세상을 응시하고"(「저녁의 음표들」) 생겨난 '검은 음표들' 같이 착상된 고요한 무게를 가지고 있다. 검은 음표들은 몸의 기억이 무의식적으로 만들어 낸 기표라는 점에서 체험의 재현이지만 새로운 의미를 부여한다. 이같은 재현이 새로운 의미로 시적 사유로 전환될 때 그것은 비 재현성에 대한 시적 도식이 되기도 한다.

> 비 오는 저녁 늘어진 전깃줄에
> 까마귀 떼가 날아와 앉는다
>
> 높고 낮은 음으로 오선지를 채우는
> 검은 음표들
> 어둠으로 이어진 세상을 응시하고 있다
>
> 저 무섭게 고요한 시선들은
> 세상 속으로 흘러드는 전선에 어떤
> 곡조를 심고 싶은 것일까
>
> 지붕 없는 삶들의 젖는 면적이 갈수록
> 늘어나는 것을 보면서

빗물에 미끄러진 영혼들의 별자리를 밝힐
진혼곡을 만드는지도 모른다

슬픔이 그치지 않아 길어진 전선에
착상된 음표들이
꼬리를 치켜들고 비의 무게를 견디고 있다

검은 예복을 갖춰 입고
세상의 가장 뜨거운 곳에 앉아
슬픔의 세목細目들을 편곡하는 새들

꽃들이 몰려간 비명의 골짜기에서
한 모금씩 물고 온 저마다의 서정을
저녁의 눈시울에 새기고 있다

「저녁의 음표들」전문

여기서 시인이 현시하는 '저녁의 음표들'은 "비 오는 저녁 늘어진 전깃줄에" 앉아있는 "까마귀 떼"를 통해 생겨난 기억의 재현이다. 전깃줄에 앉은 까마귀 떼를 통해 "높고 낮은 음으로 오선지를 채우는/검은 음표들"이라고 하는데 그것은 몸의 기억이 현출되기 때문이다. 그러면서 허공에 "검은 예복을 갖춰 입고" 앉아 있는 까마귀를 음표 이미지로 치환시키는데 비 재현적 기억이 출현하고 있다. 시인의 비 재현적 기억은 재현이 아니라 비시적 도식으로서 창조된 사유로서 파급된다. 이제 까마귀와 동화된 음표는 몸의 기억에서 허공의 몸을 파고들면서 "저 무섭게 고요한 시선들은/세상 속으로 흘러드는 전선에 어떤/곡조를 심고 싶은 것"이라는 새로운 표상이 되기도 한다. 허공에서 발휘된 '까마귀 음표'라는 시적 발상의 전개는 신체의 기억을 소환하며 "빗물에 미끄러진 영혼들의 별자리"를 응시하면서 '진혼곡'이라는 사람의 넋을 위로하는 것으로 점철된다.

2

이같이 박수봉 시에서 몸의 도식(bodyschema)을에 대한 변형과 전복은 과거 경험에 대한 재현적인 기억과 비 재현적인 기억이 연쇄적으로 나타난다. 베르그송은 "신체의 습관적 능력들이 기억으로 작동하는데 의지적으로 발생하는 재현적인 기억(souvenir-image)과 비 의지적으로 발생하는 자발적 기억(memoirespontane)으로 파악했다."* 여기서 재현적인 기억은 의식적인 것으로 과거의 경험을 다

---

* 앙리 베르그송, 박종원 역, 『물질과 기억』, 아카넷, 2007, 139쪽.

시 현재에 나타나도록 이미지를 불러내는 작용을 한다. 이는 상황에 의해서 과거의 경험으로부터 현재까지 보존되어 있는 기억을 소환하는데 있다. 반면 비 의지적인 자발적 기억이란 비 재현적인 것으로 의식적인 노력이 없이도 직관적으로 과거에 경험한 사건들을 현재 속에서 작동시킨다. 그의 시에서 기억의 재현은 곧 직관적으로 비 재현성을 통해 새로운 시 의식을 불러오는데 이는 새로운 의미가 구축되는 '비시적 의식'이 아닐 수 없다. 물론 시인의 비시적 의식은 몸의 도식을 형상화하면서 기존에 없던 기의를 벗어난 기표로 현현된다.

이처럼 박수봉 시편에서 세계와 소통하는 시적 지향성은 체험에 대한 재현으로 발휘되며 비 재현적 운동성을 통해 형성된다. 이 비시적 도식은 바로 어느 겨울 DMZ에 묶여 있는 '평화의 종'을 "온몸이 시퍼렇게 녹이 슬었다"(「평화의 종鐘」)고 하며, 혼자 돼지국밥집에서 친구 대신 소주병을 앉혀 놓고 뜨거운 국밥을 먹는 노인을 "어둠 속 짐승처럼 둥글게 몸을 말아"(「독거獨居의 영토」)다고 하며, 공원 벤치에 있는 노인과 녹슨 자전거를 "갈기 빠진 망아지 같은 자전거에 몸을 싣고"(「노인과 자전거」)있다. 또한 요양병원 노인을 비쩍 마른 억새같이 "몸속으로 들어온 추위를 몰아내느라"(「억새들」) 등으로 몸의 기억을 시적 언어로 도식해 낸다.

나는 도시의 하천에서 태어났다
버려진 것들이 부유하는 도시의 슬럼가
갑옷처럼 촘촘한 비늘을 입고
슬러지 낀 골목을 온종일 쏘다녔다
골목엔 온갖 부패가 시야를 가려 나는
비늘을 세우며 거칠어지기도 했다
나의 거처는 하류였다
이곳에는 떠밀려온 것들의 허기가 뻐끔거려
언제나 거품이 부글거렸다
하천에 배를 대고 바닥을 훑다보면 도시의
비린내가 하천 가득 빗소리처럼 일어섰다
바닥을 잘 모르던 시절엔
상류로 오르는 등용의 꿈을 꾸기도 하였다
개천에서 용 난다는 속설을 믿고 겁 없이 솟구치다
꼬리뼈 와싹, 부서지는 소리에
나는 그만 가슴에서 불씨를 들어냈다
끊임없이 꼬리를 흔들어야 떠밀리지 않는 세상
수초 그늘에 고된 하루를 부려 놓고
뜯겨나간 비늘을 깁다 보면 달빛이
일렁일렁 아픈 발을 만져주기도 했다
갈수기 뻑뻑해지는 물의 속살이 숨통을 조여 오고
종족들의 허기진 바다 핥는 소리가

뿌옇게 일어설 때

물 밖으로 불쑥 솟구쳤던 약리도

그것은

떠밀린 자들의

목숨을 건 춤사위

몸서리 쳐지도록 서글픈 몸의 문법이었다

「약리도躍鯉圖」전문

  시적 언어로 구현해 내는 몸의 도식은 경험이 체화된 것이지만 재현에 머물지 않고 역동적인 몸의 기억으로 도식하는 데 있다. 이 시집의 첫장을 장식하는 시편 「약리도躍鯉圖」는 원래 '뛰어오르는 잉어 그림'이라는 뜻으로, 민화의 소재가 되어 왔다. 여기서 잉어는 재현된 몸의 기억이지만 시인으로부터 새로운 존재론적 해석이 가능해진다. 이를테면 전통적으로 약리도는 입신출세(登龍門)이지만 현대적 재출현으로 자기실현과 성장(Self-Actualization)을 의미하는 것으로 트랜스포메이션(Transformation)으로 통한다.

  이 시의 화자는 '도시의 하천에서 태어나 도시의 슬럼가에서 갑옷처럼 촘촘한 비늘을 입고 골목을 쏘다니는' 이른바 '하류 인생'을 살아왔다. 그렇지만 하류로부터 "상류로 오르는 등용의 꿈을 꾸기도 하"면서 "개천에서 용 난다는 속설을 믿고 겁 없이 솟구치다"라는 약리도를 재현시키고 있다.

잉어의 몸을 재현하는 시인의 기억은 자발적인 것이며 동시에 비시적인 것으로 창작된 비 재현성을 견인한다. 이는 수동적인 삶이 아닌, 스스로 운명을 개척하고 한계를 뛰어넘으려는 의지적인 행위로 과거 화자 또는 청춘의 자화상으로 보인다. 평범한 존재에서 특별한 존재로의 변모하기 위해 "물 밖으로 불쑥 솟구쳤던 약리도"처럼 거듭나기를 바라는 화자의 도전 정신과 주체성이 배여 있다.

그렇지만 약리도의 잉어가 수면 밖으로 나오면 주검이 기다리고 있듯이 화자의 청춘도 세상 밖으로 나오려 할수록 "떠밀린 자들의/목숨을 건 춤사위"가 될 뿐이다. 약리도를 모티브로 하는 이 시는 재현과 비 재현 사이에서 실존적 주제 의식을 던지고 있다. 말하자면 잉어의 솟구치는 힘은 물 밖의 세상이 환상에 불과하다는 것을 실존적으로 드러낸다. 그러므로 기존에 알고 있었던 약리도의 역동성을 아이러니하게 만들며 모순된 세계를 바라보게 한다. 시인은 이러한 세계를 사는 존재를 "몸서리 쳐지도록 서글픈 몸의 문법"을 가졌다고 하면서 현존과 실존 사이에서 본질적 물음을 던지기도 한다.

3

박수봉의 시편에서 두드러지는 '몸의 문법'은 경험을 체화하는 내적 운동으로 실존하는 것을 표현하는 방식으로서 세계와 개방적 소통을 추구한다. 이런 점에서 그의 몸의 기억은 몸의 문법으로 나아가며 그것은 재현과 비 재현의 도식을 거치면서 생겨난 시 의식이 된다. 그의 비시적인 언어적 도식은 지성으로 습득되는 것이 아니라 본질과 교감하고 사유로 지각할 때 비 의지적으로 작동하는 기제다. 또한 시를 통해 의식적으로 재현하는것이 아니라 비 재현성을 통해 몸의 기억이 반응함으로 비시적인 것이 출현한다. 이를테면 한번 어떤 기술이나 습관을 습득하고 경험으로 체험된 과거가 즉각적인 행위로 실현되는 것처럼. 다만 저장된 몸의 프로그램에 의해 단순히 기계적으로 작동되는 것이 아니라 의식하지 않아도 직관적으로 발휘되는 능력으로서 언어가 바로 그의 시편이다.

> 나무는 바람의 올을 몸에 새긴다
> 붓을 비틀어 단번에 그어 내린 골각체는
> 이떠한 수시에도 흔들리지 않았다
> 어느 해 불어 닥친 회오리바람에
> 가지 몇 개 거느리고 짱짱하게 맞서다가
> 목이 꺾이고 말았다는 나무
> 부러질망정 휘어지지 않겠다는 외침만 살아서
> 꼿꼿하게 하늘을 받치고 있다

수백 년간 몰두해온 바람과의 갈등으로
　　나무는 사내처럼 거칠다
　　온몸으로 바람을 감아 찢어지고 비틀려
　　마른 생의 구간을 지나면서도 나무는
　　가지 끝까지 매운 향을 길어 올린다
　　희망도 절망도 한 줄기에서 피어나는 것
　　목을 내어주면서도 나무는
　　가지를 키우고 향을 끌어 모았다
　　향나무 푸른 향은
　　발아래 지리멸렬한 세상을 향한 무언의 독설
　　나무들이 옷을 벗고 추위에 손을 들 때
　　향나무 매운 향을 세상에 흘려 넣는다
　　눈 속에 발을 묻은 나무의 마른 뼈대에
　　천둥소리가 들어있다는 이끼들의 진술이
　　노구老軀의 밑동에 생생하게 적혀 있다

　　　　　　　　　　　　　　　　「향나무」전문

　그의 비시적인 언어 도식은 "바람의 올을 몸에 새긴" 나무처럼 "꼿꼿하게 하늘을 받치고 있다"고 언술한다. 이 나무는 몸의 문법을 가진 시인 자신이기에 내면의 '외침'을 외면화하여 "향나무 푸른 향"으로 피울 수 있는 것이다. 때로는 "온몸으로 바람을 감아 찢어지고 비틀려/마른 생의 구간을 지나면서도 나무는/가지 끝까지 매운 향을 길어 올"릴 수 있는 것처럼. 시인에게 '마른 생의 구간'은 끝이 아니라 생애의 뒤안길을 보이는 상징성을 가지고 있다.

언제나 나무는 나무 끝에서 자라고 "가지를 키우고 향을 끌어 모았다"는 데서 향나무를 통해 화자의 생애 뒤안길을 추측하게 한다. 시인이 향나무 몸에서 깨달은 "희망도 절망도 한 줄기에서 피어나는 것"이라는 일원론적 수사가 그것을 말해준다. 그것은 시행 끝에서 "눈 속에 발을 묻은 나무의 마른 뼈대에/천둥소리가 들어있다는 이끼들의 진술"을 통해 "노구(老軀)의 밑동에 생생하게 적혀 있다"고 전술한다. 이런 향나무가 가진 몸의 문법을 읽어내는 방식으로 비시적인 언어가 쓰이고 있다.

이처럼 향나무의 매운 향이 시련과 고난에 의한 시간적 축척을 통해 생겨나듯이 그의 시편도 마찬가지로 생애를 세공한 언어의 결에서 나타난다. 또한 그의 시편은 그를 바치고 있는 「버팀목」처럼 "늙은 소나무를/삼각의 버팀목이 받치고 있나"는 깃으로 비유할 수 있다. 여기서 삼각 받침대는 그의 몸의 기억을 보존하고 있는 것으로 "한 해에 한 마디씩 둘레를 키워온/등 굽은 역사를/발목이 시큰하도록 떠받들고 있"는 것이다. 그러므로 시인은 시가 되고, 시는 시인이 되어 몸의 문법으로 동화되면서 "저렇게 늙도록 몸을 기대고 있다는 것은/서로의 마음이 번졌다는 것/

이미 한 장의 역사,/하나의 뿌리가 되었다는 것"을 몸의 기억을 통해 여실히 비추어 준다.

  아무런 수식도 없이 치켜세운
  수직의 뼈

  수 세기世紀를 한 획으로
  압축하였다

  제 몸 썩혀 비워낸 몸통에
  별빛 우려낸 마음을 담고

  살가죽에 피어나는 검버섯으로
  감각의 지평을 늘리고 있다

  무수한 줄기로 뻗어가던 사유가
  옹이로 박혀 단단해진 상징

  수목원 뜰 고목 한 그루
  아직도 그의 시는 퇴고 중이다
            「고목」 전문

고목은 말라서 죽어버린 나무이거나, 더 크지 않는 오래된 나무를 말한다. 이런 나무를 "아무런 수식도 없이 치켜 세운/수직의 뼈"라는 시행을 통해 고목이 가진 몸의 기억을 증거한다. '아무런 수식이 없다'는 건 나무에 아무것도 피어나지 않은 채로 뿌리와 나뭇가지만 앙상하게 있다는 것에 대한 비유다. 게다가 고목의 기억을 고목의 몸을 통해 '수 세기를 한 획으로 압축하고, 별빛 우려낸 마음을 담고, 감각의 지평을 늘리고, 뻗어가던 사유와 옹이로 박혀 단단해진 상징' 등으로 파편화시키고 있다.

이는 몸의 기억을 비시적으로 해체하여 시적으로 도식화하는 몸의 문법에 대한 사유가 아닐 수 없다. 이에 고목은 한 그루 나무가 아니라 한 편의 시로서 '언어의 정원'에 서 있게 되는 것이다. 시인은 "수목원 뜰 고목 한 그루"를 재현하는데 그것은 오랫동안 고목이 써가는 압축과 감각과 사유와 상징을 통해 비 재현적으로 새롭게 해석한다. 이에 나무는 시가 아닌 시인으로서 기록되며 "아직도 그의 시는 퇴고 중이다"라는 역설을 통해 나무의 소멸이 오히려 미학적 생성이 된다. 또한 「거리의 철새들」을 보면서 "언제든 날 수 있게 지붕을 없앤 잠들이/너덜해진 삶을 서로 포갠 채/가로등 불빛을 이불처럼 끌어다 덮고 있다"라고 역설적인 미학성을 보이기도 한다.

4

입구와 출구가 동시에 열리는 버스터미널
배웅과 마중이 부딪쳐 일어나는 소음이
대합실 가득 먼지처럼 떠돈다

「터미널」부분

박수봉 시인의 시편에 두드러지는 시 의식은 삶의 통찰로서 세계의 본질을 투과하고 있다는 점이다. 이 시에서 보이듯 희망과 절망이 하나로부터 시작되고 이어진다는 것을 입구와 출구가 하나인 '터미널'을 통해 성찰하게 만든다. 물론 만남과 이별 역시도 하나의 공간에서 이루어지며 종국에는 삶과 죽음도 이와 다르지 않다는 것을 환유한다. 여기서 "배웅과 마중이 부딪쳐 일어나는 소음이" 우리가 사는 세계이며, 이것은 잠시 터미널에 머물렀다가 떠나가는 삶으로 형상화된다. 존재의 있음은 세계라는 '대합실 가득 먼지처럼 떠돌다'가는 것이라는 근원성을 구현해 낸다.

그는 대합실이라는 공간에 먼지가 떠있는 허공의 몸을 포획하며 삶의 본질과 세계의 근원성을 마주하게 한다. 이런 그의 생애 뒤편엔 "바닷속으로 풀려나간 등대의 수심"(「닻」)처럼 "주름을 접"기도 하고, "깊게 접힌 삶의 주름살을 들여다볼 틈도 없이" 살아왔다. 이 가운데 그의 생애에서 문학은 "움츠리기만 했던 주름들이/때를 만났다는 듯"(「필드 골프」) 몸의 문법으로 "구부러진 세월들을 활짝 펴고" 몸소 겪은 박수봉 시인의 기억을 소환하면서 존재론적 사유를 성찰하게 만든다.

시인의 말

밤의 커튼을 연다

촛불처럼

밤을 지키는 불빛들

밤이 환하다